Pintada en Sangre, Iluminada con Gloria …

La
Obra Maestra

Sandy Davis Kirk Ph.D

La Obra Maestra
Copyright © 2012 por Sandy Davis Kirk
TODOS LOS DERECHOS RESERVADOS

Este libro fue publicado originalmente en inglés bajo el título, *"The Masterpiece"*, © 2007 por Sandy Davis Kirk.

Todas las citas textuales de las escrituras provienen de la Versión Reina-Valera, Revisión 1960, © Sociedad Bíblica en América Latina.

McDougal Publishing es un ministerio de la Fundación McDougal, Inc., una corporación sin fines de lucro de Maryland dedicada a la divulgación del Evangelio del Señor Jesucristo a tanta gente y en el menor tiempo como fuese posible.

Traducida de ingles por Jorge Ramiro Cabrera Villalon

Publicado por:

McDougal Publishing
P.O. Box 3595
Hagerstown, MD 21742-3595
www.mcdougalpublishing.com

ISBN 978-1-58158-122-5

Impreso en los Estados Unidos de América
Para distribución a nivel mundial.

Si desea mas información relacionado con el entrenamiento, comunicase con: drsandy.aam@gmail.com

Dedicatoria

Este libro está dedicado a nuestros internos y estudiantes alrededor del mundo que anhelan divulgar la gloria del Cordero a todas las naciones de la tierra.

Reconocimientos

Mi corazón se colma de gratitud hacia todos los pastores que nos han permitido traer este mensaje del Cordero a su pueblo. Mi profundo agradecimiento a los pastores Henry y Erica Schmidt, presidente de una escuela ministerial en British Columbia, por instruir a sus estudiantes sobre la importancia de la Cruz y preparándolos para nuestra enseñanza sobre el Cordero en la escuela. Agradezco a Dios por los pastores Chris y Susan Clay y su linda familia de Macclesfield, Inglaterra. Dios los está utilizando para divulgar la gloria del Cordero y su poder de sanación en todo el mundo. Mi profundo aprecio se dirige a los pastores Peter, Julia y Lydia Rooke por su pasión hacia el Cordero y su presencia en Dorchester. Agradezco a mis queridos amigos pastores Rod y Michelle Smith en Poringland por su avidez hacia el Cordero y su amor. Mi sincero aprecio a los pastores David Miller y Graham Timson en Peterborough, Inglaterra, donde el Espíritu de Dios desciende tan poderosamente.

Además, doy gracias a los pastores Richard y Sheila Goddard de Londres, a los pastores Tim y Cara Griffith de South London y a los pastores Mark y Sherryll Baines de Cambridge por su dedicación hacia el Cordero y su apertura a la presencia de Dios en sus iglesias.

Sí, finalmente, el Cordero es traído de regreso al centro de su iglesia en la tierra, aunque Él esté en el cielo. Y nada gratifica tanto al corazón del Padre como ver a su propio Hijo recibir la recompensa que Él merece por dar su vida como un Cordero.

Contenido

Prefacio: Una Obra Maestra Fascinante 9
La Visión Más Bella en el Mundo

1. La Obra Maestra Olvidada 15
   Hallando una Verdad Perdida en el Evangelio Occidental.

2. La Obra Maestra Abandonada 29
   Recibiendo un Fervor hacia el Hijo de Dios como El Cordero

3. La Obra Maestra Victoriosa 39
   Recibiendo Autoridad sobre el Reino de la Oscuridad

4. La Obra Maestra de Gloria 51
   Absorbiendo Profundamente Su Poder de Resurrección

5. La Obra Maestra Magnifica 65
   Viviendo para el Mayor Propósito en la Tierra

*He aquí, el Cordero de Dios,
que quita el pecado del mundo.*
Juan 1:29

Una Obra Maestra Irresistible
La Visión Más Bella en el Mundo

Un joven se encuentra en un cerro desolado en las afueras de Jerusalén. La vista que se halla frente a él asombra sus sentidos. Su rostro se enrojece. Las lágrimas ardientes escurren quemando sus mejillas. Todo su cuerpo tiembla bajo el poder del espectáculo ante él. Porque allí, anclado a dos maderos, exhibiéndose delante de los ojos de toda la humanidad, yace suspendido Jesucristo—el Hijo eterno de Dios.

Simultáneamente este joven discípulo, cuyo nombre es Juan, observa y reflexiona sobre este momento decisivo de la historia. Este es el momento cumbre de todos los tiempos. La cima. La cúspide de la montaña. Es el eje por el cual giran los ángeles. El enfoque supremo de la eternidad. El corazón de todos los cielos.

Esta es la canción de amor sin sonido de Dios. Su sermón sin palabras. Su danza sin movimiento. Su obra de arte clásica. Es la Obra Maestra, pintada en sangre e iluminada con gloria.

La Belleza de Jesús

En el pequeño libro que tienes en tus manos, verás a Jesús como la Obra Maestra de Dios. Al mirar a través de los ojos de Juan, encontrarás una parte olvidada de la historia de la Pascua. Cuando la veas, presenciarás la vista más hermosa del mundo. Es como la historia de la niña ciega que, sola, portaba en sus espaldas a su bebé varón. Intentaba tan intensamente ser la mejor madre que podía para su bebé, mas los trabajos eran escasos y la paga era baja para la gente ciega en aquellos días.

A medida que el niño crecía, pronto se dio cuenta de lo mucho que su madre sufría por su ceguera. A menudo, por las noches, cuando ella lo posaba en la cama, él solía decir: "Mami, algún día, cuando sea grande, te pagaré una operación para tus ojos". Entonces, con lágrimas en sus ojos, él agregaría: "¡Para que me puedas ver!"

Finalmente, aquel día llegaría y el joven condujo a su invidente madre al hospital para una operación que le restauraría su vista. La cirugía se realizó y luego de días de espera llegó el momento de quitar las vendas. El joven se sentó ansiosamente sosteniendo la mano de su madre a medida que el doctor sacaba el vendaje. Cuando levantó los parches de gasa de sus párpados, sus ojos pestañearon. Al parpadear, la luz entró a sus ojos y se frunció. Pero en unos momentos abrió completamente sus ojos ... y ¡pudo ver!

Ahora, por primera vez en su vida, vio el rostro de su hijo. Al comienzo no podía hablar. Solamente lo miraba con lágrimas cayendo a sus mejillas. Luego una clara sonrisa se dibujó en su rostro y lloró con todo su corazón, "¡Oh, Hijo! ¡Eres la vista más hermosa de todo el mundo!"

De un modo mucho más alto, también lo es Jesús. Él es la más hermosa vista que jamás hayas visto, especialmente cuando veas lo que Él hizo por ti en la Cruz. Como alguien ha dicho: "Desde que mis ojos se han posado en Jesús, he perdido de vista todo lo demás; tan encadenada está mi visión del espíritu, observando al Crucificado".

Hallarás que "observando al Crucificado" transforma toda tu visión de Cristiandad. Nada aclara más la visión, sana nuestro corazón, remueve fuego en los huesos, inhala vida en el espíritu humano y arde pasión en el alma que una larga y continua observación al Cordero de Dios. Como manifestara Charles Spurgeon: "¡Existe vida al mirar al Crucificado!"[1]

Poder de la Observación

Ahora, mientras Juan observa a Jesús, desea desviar su mirada, pero no puede apartar sus ojos de esta imagen sangrante en la Cruz. En sus brazos sostiene a la madre de Jesús, María, y ambos levantan la mirada hacia a esta imagen impresionante y de horror.

Una sensación de reverencia invade a Juan, llenándolo con dolor. Como la atracción de partículas de metal hacia un imán, su corazón se siente atraído hacia Jesús. No puede apartar la vista del Cordero. Es exactamente como dijo Jesús: *"Y yo, si fuere levantado de la tierra, a todos traeré a mi mismo"* (Juan 12:32).

Este es el verdadero poder de compromiso, inspiración y de atracción de Cristo alzado en la Cruz. Es el magnetismo del Calvario. Es profunda vocación hasta lo insondable. Es la fascinante Obra Maestra de Dios.

Así que ven conmigo ahora a la ladera empapada de lágrimas para mirar fijamente al Cordero. Esta vez, sin embargo, miremos más allá de las heridas sangrantes. Veamos más allá del dolor físico del tormento, las púas y la lanza. Miremos con un corazón abierto dentro de las profundidades de la Cruz.[2] Veamos algo que pudimos haber pasado por alto.

Esta no es una nueva revelación. Es un secreto abierto. Siempre ha estado ahí, enterrado en las páginas de la Biblia. No la veíamos porque raramente la oíamos predicada. Las anteriores generaciones fueron afectadas por ella, pero de alguna manera, en nuestra iglesia materialista occidental, la perdimos. En esta época posmoderna de prosperidad, hemos perdido de vista esta verdad central en el Evangelio.

Ahora llegó el momento de cavar por un tesoro enterrado. Tiempo para ver más allá del velo y mirar lo que los ángeles se atreven a mirar.[3] Es el tiempo para el Hijo de Dios de recibir la gloria. La merece por entregar su vida como un Cordero. En vez de conejillos y huevos de chocolate, es tiempo para la gloria del Cordero para volverse el enfoque central de la Pascua.[4]

Consecuentemente, ábrete ampliamente y deja que los ojos de tu mente observen la belleza del Cordero. Ven a contemplar con todo tu corazón la más hermosa visión en el mundo—*La Obra Maestra*.

NOTAS:

1. Charles Spurgeon, "The Lamb of God," *Spurgeon's Expository Encyclopedia,* Vol. 12 (Grand Rapids, MI: Baker Book House, 1977), p. 487.
2. Aunque jamás nadie puede llegar a las profundidades del significado de la Cruz de Jesucristo, para una observación aun más cerca de la historia del Cordero de la que se ha presentado aquí, ver mi libro *The Glory of the Lamb*, (McDougal Publishing, 2004). Este se puede pedir en su librería favorita o por Internet.
3. En el cielo, seres celestiales observan continuamente al Cordero de Dios sacrificado (ver Apocalipsis 5:6-12).
4. Uso este término "Easter" (Pascua) porque, aunque es un término pagano, es significativo para mucha gente.

Uno

La Obra Maestra Olvidada
*Hallando una Verdad Perdida
en el Evangelio Occidental*

El corazón de Juan palpita fuerte. El viento ondea su túnica y gotas aisladas de lluvia salpican sus mejillas, mas no lo advierte. Sostiene a María con más fuerza mientras observan juntos la Obra Maestra enaltecida en el cerro.

Sí, aquí en este solitario monte llamado Calvario, Dios, el Padre, ha untado su pincel en la sangre de su propio Hijo. Con delicados toques de compasión y cálidas pinceladas de juicio, Él ha pintado su amor en la tela de la carne de su propio Hijo. Lo ha levantado en el atril de la Cruz. Lo ha expuesto en la galería del Gólgota. Ha descorrido el velo y tronado a través del cielo y la tierra – "¡He aquí el Cordero! ¡Él es por siempre la Obra Maestra de Dios!"

La Mirada en los Ojos de Jesús

Los rayos calcinan la oscuridad, bañando al Cordero de luz. Juan ve al Maestro convulsionarse bajo el enorme peso del pecado que infunde todo su ser. Con la arremetida de la oscuridad, Dios ha cogido todos los pecados de la humanidad y los ha puesto en su amado Hijo.

El discípulo siente un nudo en la garganta y seca las lágrimas con el dorso de su mano. Observa a Jesús retorcerse y doblarse bajo el aplastante peso del pecado. Su espalda y hombros heridos rozan el áspero madero.

Pero de pronto el cuerpo de Jesús se detiene. Su rostro se torna blanco. No sale palabra de sus labios. Su estructura se torna rígida. Sus ojos están inflamados hasta casi cerrarse. Están hundidos en sus órbitas, llenos de lágrimas y tristeza indecible. Su pecho se levanta con rápidos suspiros.

El cuerpo del Maestro yace congelado, paralizado bajo el peso de algo inimaginable. Es como si se hubiese abierto un horno invisible sobre Él y el Hijo hubiera sido arrojado como Cordero a las ardientes brasas.

El corazón de Juan se siente dolido y abultado. Un escalofrío nervioso remece su cuerpo. Un sudor corre bajo su cuello y espalda. ¿Qué le está sucediendo al Maestro?

El no sabe, pero siente el terror y el destino del momento. Ahora está mirando el punto alto de la Cruz. Esta es la gloria olvidada de la Pascua. Esta es la más alta expresión de la Obra Maestra de Dios mientras el Padre vierte su copa sobre Jesús ...

Juan clava su mirada en el rostro del Maestro, intentando comprender. Su corazón se paraliza al ver.

La mirada en los ojos de Jesús es indescriptible. Sus ojos están llenos de horror. Expresan un misterio demasiado profundo para entender con palabras.

He visto esa mirada antes, piensa Juan. ¿Dónde fue? En el jardín ... Sí, exactamente anoche lo oí orar y sus ojos se llenaron con esta misma mirada de terror ... .

Terror en Getsemaní

Dormido sobre el suelo húmedo de un jardín en el Monte de los Olivos, un sonido extraño había despertado repentinamente al joven discípulo. Fue como una vibración intensa, una fuerza inexplicable en la tierra debajo de él. Levantó la cabeza y escuchó.

El aire estaba quieto y fresco en esta noche de primavera. Una clara luz de luna de Pascua iluminaba el jardín, despidiendo destellos plateados en las hojas de los olivos.

Ahí estaba nuevamente. Un profundo gemido. Un fuerte sollozo masculino: "¡Padre!" ¡Es Jesús! Juan se dio cuenta, sorprendido. ¡Está orando! El joven discípulo se acercó más, arrastrándose sin desear molestar al Señor, pero deseoso de oír cada palabra. Jesús había manifestado: *"Mi alma está muy triste hasta la muerte; quedaos aquí, y velad conmigo"* (Mateo 26:38).[1]

Sí, ahí fue cuando vi por primera vez esa mirada delirante de temor en Sus ojos, piensa Juan. ¡Oh, Señor, me pediste que orase, pero estaba demasiado débil. Me quedé dormido cuando me necesitabas.

Juan se arrastró aproximándose, deseando oír pero temeroso de mirar. Mientras miraba fijamente al Señor bajo la clara luz de la luna llena, lo que vio paralizó el aire en sus pulmones.

La noche estaba fría, pero el cuerpo de Jesús estaba bañado en sudor. ¡No, no es sólo sudor–es sangre!

Juan no lo podía creer. Abrió bien sus ojos y forzó su mirada para ver a través del jardín. Estaba a poca distancia por lo que pudo ver claramente.

La sangre cubría el rostro del Maestro. Manchas rojas empapaban su ropaje. Hilos de ensangrentado sudor encharcaban el suelo bajo Él, porque: *"y era su sudor como grandes gotas de sangre que caían hasta la tierra"* (Lucas 22:44). *Grandes gotas* en griego es *thrombos*, que significa: "inflamaciones o coágulos". Jonathan Edwards explicaba:

> El sufrimiento y la angustia de su mente eran tan indescriptiblemente extremos,

La Obra Maestra Olvidada

que forzaba su sangre a brotar a través de los poros de su piel ... tanto que caía como gotas o coágulos de su cuerpo al suelo.[2]

Juan podía ver lágrimas que manaban de los ojos de Jesús y la sangre brotaba de sus poros mientras exclamaba: *"Padre mío, si es posible, pase de mí esta copa"*. *¿Esta copa? ¿Qué es esta misteriosa copa?* pensó Juan.

La Obra Maestra Olvidada

Las escrituras rondaban en su mente: *"Porque EL CÁLIZ está en la mano de Jehová, y el vino está fermentado, lleno de mistura"* (Salmos 75:8). *"Toma de mi mano LA COPA del vino de este furor, y da a beber de él a todas las naciones a las cuales yo te envío. Y beberán, y temblarán y enloquecerán, a causa de la espada que yo envío entre ellas."* (Jeremías 25:15-16). *"EL CÁLIZ de la mano derecha de Jehová vendrá hasta ti, y vómito de afrenta sobre tu gloria"* (Habacuc 2:16). *"He aquí he quitado de tu mano EL CÁLIZ de aturdimiento, lo sedimentos del cáliz de mi ira"* (Isaías 51:22).[3]

La Copa se Rebalsa

Ahora los pensamientos de Juan se vuelven hacia la Cruz. Su pulso late fuerte en su garganta al levantar la mirada hacia Jesús, porque se da cuenta que ¡Él está a punto de beber de ese Cáliz!

Retrocede ahora Juan, y observa el Cáliz de furor del Padre verterla en su amado Hijo.

Ahora, como un volcán en erupción en el corazón de Dios, el Cáliz rebosa y cae con estruendo hacia el Cordero. El *"vino de la ira de Dios, que has sido vaciado puro en el CÁLIZ DE SU IRA"* (Apocalipsis 14:10), desciende sobre Él.

Jesús bebe, bebe y bebe. Cada gota consumida de ira se vierte sobre su alma sensible, castigándolo por el pecado. Señal tras señal de juicio caen sobre Él, abatiéndolo. Una y otra vez la ira de Dios golpea su delicado corazón. Está siendo *"AZOTADO, ... HERIDO de Dios y ABATIDO. Mas él herido fue por nuestras rebeliones, MOLIDO por nuestros pecados; el CASTIGO de nuestra paz fue sobre él, y por su llaga fuimos nosotros curados"* (Isaías 53:4-5).

Juan siente los latidos de su propio corazón que golpean su cabeza, mientras Jesús resiste las llamas de este horno perpetuo. Imágenes del Cordero de Pascua asándose sobre el fuego lo conmueven. Observa la ofrenda quemada en el altar de Dios. Las llamas del arbusto ardiente saltan a su mente.

Sí, algo de proporción monumental está sucediendo a medida que Jesús deriva los rayos de juicio divino que merecemos por el pecado, acogiendo este castigo sobre sí mismo. Arthur Pink explica que todo el rechinar de los dientes en el lago de fuego no es comparable con "la ira de Dios que desató contra su Hijo en la cruz."[4]

La Obra Maestra Olvidada

A Través de las Llamas

¿Sabías que Jesús bebió de este Cáliz por ti? ¿Te diste cuenta que Él se sumergió en las llamas de la ira y del infierno para que tú puedas tener vida eterna?

Es como la historia de Will Carter que conducía por el camino de entrada de su casa una noche, justo a tiempo para ver llamas saliendo del techo de su vivienda. Saltó de su coche y corrió hacia la puerta de entrada. Abriéndola, comenzó a gritar a su esposa. No hubo sonido. Intentó entrar a la casa, pero toda la planta baja estaba envuelta en llamas. El intenso calor lo hizo retroceder hasta afuera.

En ese momento los bomberos llegaron y pusieron una escalera hasta una ventana del piso superior. Un rescatista trepó por la escalera y quebró el vidrio. Luego, con una manguera larga comenzó a irrigar el interior de la habitación.

Durante todo este tiempo, el joven clamaba: "¡Mi esposa! ¡Mi esposa! ¡Está embarazada! ¡Que alguien la rescate!"

Finalmente no soportó más. Se sujetó a la escalera, trepó, pasó alrededor del rescatista y penetró por la ventana rota. Un humo negro y espeso llenaba el cuarto y las llamas cubrían el vestíbulo, pero se precipitó a través del fuego para alcanzar a su querida esposa.

La Obra Maestra

Al llegar al dormitorio, la vio tendida inconsciente sobre la cama, sofocada por la inhalación de humo. Se lanzó hacia ella y comenzó a darle respiración boca a boca, proporcionándole todo el aire que podía a sus debilitados pulmones. Finalmente, ella abrió sus ojos. Agarrando su estómago murmuró suavemente: "¡El bebé, Will, el bebé!"

Envolviendo a su esposa en una frazada, la colocó sobre sus hombros y se abrió paso a través de las llamas. Tropezándose hasta llegar a la ventana, las llamas chamuscando su carne y quemando hasta los huesos. Luego, descendió parte de la escalera y cayó al suelo—ya muerto.

La mujer fue rápidamente llevada al hospital donde dio a luz a un saludable niño. Lo llamó Will en honor a su padre. A medida que el niño crecía, frecuentemente escuchaba a su mamá contar historias sobre su valeroso padre. Siempre solía decir: "¡Will, porque atravesó las llamas por ti y por mí, estamos vivos hoy!"

Eso es lo que Jesús hizo por ti. Allí en el jardín, al mirar dentro del cáliz del Padre, ¡Él te vio! Estabas sofocándote por los efectos del pecado. Él te vio inconsciente del peligro mientras el fuego te envolvía. Él vio lo que sucedería si no bebiese del cáliz del Padre y te rescatara del infierno.

Tú dirás: "Pero yo no soy tan malo." Tal vez no, pero el pecado te separa de Dios. El pecado no puede entrar en su santa presencia. El pecado debe ser castigado para que así puedas tener vida eterna en la presencia de Dios. Jesús descendió a la tierra y se arrojó frente a las llamas de la ira de Dios por ti. Luego Él te rescató, te envolvió en su amor y te salvó del fuego. Te trajo a la seguridad, y Él eternamente porta las cicatrices.

Como ves, esta es la verdad perdida del Evangelio Occidental. Que el Hijo eterno de Dios tomó el castigo del infierno que merecemos por nuestros pecados es la gloria perdida de Pascua. Es la *Obra Maestra Olvidada* de Dios. Como la madre le manifestó a su hijo: "Porque Él atravesó las llamas por ti, ¡estás vivo hoy!"

Llorando por la Cruz

Un día, en la capilla en nuestra residencia "Gloria del Cordero", vi a Michelle, una chica inglesa de dieciocho años, llorando, gimiendo y sollozando fuerte. Estaba mirando dentro del cáliz del Padre y su corazón se destrozaba por el Cordero. Estaba desolada al ver lo que su pecado le había causado a Jesús. Y, aunque era una joven tranquila y algo tímida, que no había predicado en su vida, cuando se levantó del suelo estaba transformada. Era como si un volcán hubiese hecho erupción dentro de ella.

Unas pocas semanas más tarde estaba ante los estudiantes de la Universidad Evangel en Missouri predicando con una fuerza y poder tales que rara vez he visto, incluso en predicadores experimentados. Michelle describía las profundidades del cáliz del cual Jesús bebió, y su voz temblaba con pasión y fuego. Sus palabras estremecían directamente los corazones de los estudiantes, a medida que se inclinaban ante Dios, llorando e implorando frente el altar. Un estudiante, quien había decidido poner fin a su vida, exclamó: "¡Ahora, por fin tengo una razón por qué vivir!"

Te manifiesto que existe un poder oculto en el mensaje de la Cruz, el cual hemos ignorado. Pablo escribió: *"La palabra de la cruz ... es poder de Dios* (1 Corintios 1:18). Dios está ciertamente develando las profundidades de su Obra Maestra. Él nos está empujando a descubrir el poder de mirar al Cordero. Es la gloria olvidada de Pascua.

Sin embargo, la mayoría de nosotros hemos derramado más lágrimas por la muerte de una mascota que por la muerte de nuestro Señor. ¿Has llorado alguna vez sobre la Cruz? ¿Has mirado el contenido del cáliz del Padre hasta que tu corazón se derrita en lágrimas? ¿Has exclamado con ferviente pasión, suplicando al Padre que le otorgue a su Hijo la recompensa de su sufrimiento?

Esto es lo que Él espera oír. Así que, ¿no levantarás la mirada a Jesús ahora? Dile cuánto lo sientes por la indolencia hacia la Cruz por tanto tiempo. Hazle sentir tu auténtica pena. Derrama lágrimas de arrepentimiento sobre sus pies heridos. Implora algo así:

La Obra Maestra Olvidada

¡Oh, Jesús, nunca supe que bebiste del cáliz por mí! ¡Perdóname, Señor! He sido tan complaciente ante tu Cruz. Algunas veces incluso pensé que yo había sufrido más que tú. ¡Oh Dios, lo siento tanto!

Y ahora, con todo mi corazón, abrazo tu Cruz. Como el apóstol Pablo, resuelvo no conocer nada sino a Jesús crucificado (1 Corintios 2:2). Prometo que por el resto de mi vida exploraré las profundidades de tu Cruz y le contaré a todos acerca de la belleza de *La Obra Maestra* de Dios!

La Obra Maestra

NOTAS

1. Marcos escribió: *"Y comenzó a comenzó a entristecerse y a angustiarse"* (Marcos 14:33). El término en griego aquí es *ekthambeö*, que significa "paralizado de horror".
2. Jonathan Edwards, "La Agonía de Cristo," *Las Obras de Jonathan Edwards*, Vol. 2. (Edinburgh: Banner of Truth Trust, 1995), p. 868.
3. El erudito británico John R. W. Stott explica: "Estas imágenes del Antiguo Testamento habrían sido bien conocidas por Jesús. Debió haber reconocido el cáliz que se le estaba ofreciendo conteniendo el vino de la ira de Dios". *The Cross of Christ,* (Downers Grove, IL: InterVarsity Press, 1986), p. 77.
4. A. W. Pink, *Seven Sayings of Christ on the Cross,* (Grand Rapids, MI: Baker Book House, 1958), p. 72.

   Esto es lo que los grandes teólogos dicen acerca del permanente infierno de Jesús en la Cruz: John R. W. Stott dijo: "Nos atrevemos a decir que nuestro pecado envió a Cristo al infierno … antes que muriera su cuerpo." Luego Stott explica que este no era el averno, la morada de los muertos, sino el *gehena*, el lugar del castigo eterno (*La Cruz de Cristo*, p. 79).

   Charles Spurgeon escribió: "O infierno, con todos esos horrores infinitos y llamas insaciables, dolores, angustias y gritos de fantasmas torturados, ni así podéis revelar la justicia de Dios como la reveló Cristo en su corazón destrozado sobre el ensangrentado árbol." Charles Spurgeon, *Twelve Sermons on the Passion and Death of Christ* (Grand Rapids, MI: Baker Book House, sin fecha), p. 55.

Con referencia a las palabras de Jesús acerca de estar acongojado *"aun en la muerte,"* Jonathan Edwards decía que esto parece entenderse que los intensos dolores y penas del infierno, de muerte eterna, lo habían dominado … Cristo sufrió eso … lo cual era el equivalente a la miseria del condenado, porque era la ira del mismo Dios." "Christ's Agony," *Las Obras de Jonathan Edwards*, Vol. 2, (Edinburgh: Banner of Truth Trust, 1995), p. 868a, 871b. Jonathan Edwards también escribió: "El arbusto quemándose con el fuego representaba los sufrimientos de Cristo en el fuego de la ira de Dios." "The History of the Work of Redemption," *Las Obras de Jonathan Edwards*, Vol. 1 (Edinburgh: Banner of Truth Trust, 1995), p. 5469.

Dos

La Obra Maestra Desamparada
Recibiendo un Fervor hacia el Hijo de Dios como un Cordero

Un torrente de ardiente lágrimas empañan los ojos de Juan, pero lucha por reprimir sus emociones. *Por el bien de María, debo controlarme,* piensa.

Jesús se siente totalmente olvidado por Dios, a medida que cae más y más en las profundidades abismales de su ira. Finalmente, ya no puede más. Vuelca su cabeza hacia atrás y se afirma sobre el clavo en sus pies para llenar sus pulmones de aire.

El dolor se clava en el corazón de Juan al observar la herida abierta en los pies de Jesús. Él y María se aproximan lentamente a la Cruz, esforzándose para oír cada palabra. Luego sucede …

El Clamor de los Tiempos

Jesús alza su voz, como un grito casi inhumano: *"Eli, Eli, ¿lama sabachthani? ... Dios mío, Dios mío, ¿Por qué me has desamparado?"* (Mateo 27:46).

La Obra Maestra

El grito aterrador irrumpe en el silencio del Calvario. Rasga los cielos y perfora cada corazón, como el corte de la hoja de una espada. Hombres y mujeres quedan atónitos. Los ángeles quedan horrorizados. La naturaleza entera detiene su respiración.

Este torrente de agonía que emana deja sin sentidos al joven discípulo. El temor lo ciega. El terror invade su corazón. Todo el mundo gira a medida que el grito de Jesús estremece su cabeza. *¿Cómo puede el Hijo gritar tales palabras de rechazo a su amado Padre?*

Juan, ¿no sabes? Es porque su alma está tragando cada gota del cáliz de Dios. Este grito nos abre una ventana a su sufrimiento. Es el grito más profundo que se haya escuchado en el cielo o la tierra.

Revela el corazón herido del Hijo de Dios. Su cuerpo ha sido desgarrado en pedazos como un cordero para el sacrificio, pero ahora su corazón está siendo arrancado a pedazos. Se siente como si su alma estuviese siendo cortada y consumida por la ira eterna de Dios, quemada en las candentes olas del juicio que merecemos por el pecado. Lo que es más, Él porta este castigo solo.

Este aterrador grito que emana de los labios del Salvador se enciende a través de la oscuridad y llega al corazón de Dios. El Padre gime. Aferra su corazón y se arquea por el dolor. En ese momento sagrado, cuando los ángeles ocultan sus ojos en silencio, el corazón del Padre se fractura. Y en el momento en que su corazón se desgarra, el velo del templo se rasga en dos de arriba abajo.

Juan se paraliza de terror. Siente como si su corazón hubiese sido apuñalado y arrancado por este grito desgarrador del Señor. Es como si un velo se hubiese rasgado de su alma al igual que aquel velo del templo.

Desgarrado por Su Grito

Ahora, si dejas que este grito de Jesús penetre en tu corazón, asimismo rasgará el velo del templo de tu alma. En cierta ocasión, estaba enseñando a 400 adolescentes en un campamento metodista de jóvenes acerca del poder de la Cruz. Juntos levantamos la mirada hacia Jesús. Vimos sus brazos estirados y remachados a un poste de madera. Vimos las lágrimas correr por sus mejillas, en una mezcla de saliva y sangre. Observamos la abominación romana de desgarrar su carne. Oímos sus últimas palabras. Pero cuando oímos su grito: *"Eli, Eli, ¿lama sabachthani? Dios mío, Dios mío, ¿Por qué Me has abandonado?"* algo asombroso sucedió en la sala.

El Señor me había señalado que si yo lanzaría este grito como un profundo rugido gutural, tal como Jesús lo hizo,[1] Él rasgaría los velos de los corazones de la gente. Y eso es exactamente lo que Él hizo con cientos de complacientes adolescentes. Cuando ya estuve a punto de soltar este horrendo grito, respiré profundamente; luego, con un fuerte rugido similar al de un animal, exclamé: "Eli, Eli, ¿lama sabachthani? Dios mío, Dios mío, ¿Por qué me has abandonado?"

De pronto, el Espíritu Santo se presentó y llenó toda la sala con su presencia. Fue como un bautismo de fuego cayendo sobre los jóvenes. Los fuertes adolescentes se estremecieron con emoción, sus rostros se enrojecieron con la gloria de Dios, sus cuerpos temblaron ante su presencia. Hermosas jóvenes sollozaban abiertamente a medida que el Espíritu Santo descendía sobre ellas. Era abrumador y condujo a muchos a ofrecer sus vidas a Cristo.

¿Qué fue lo que abrió las puertas del cielo y liberó tal manantial de Dios sobre estos apáticos adolescentes? Fue oír nuevamente el grito de Jesús. El mismo grito que rompió el corazón del Padre, rasgó el velo, y fragmentó la tierra, desgarró velos del templo de sus corazones.

Durante los últimos veinte años he estado enseñando, escribiendo e inculcando en los estudiantes sobre las profundidades de la Cruz, especialmente sobre el cáliz del Padre.[2] A través de los años, he visto al Espíritu Santo grabar profundas cicatrices de amor en los corazones de cientos de estudiantes. Una joven manifestó: "Soy hija de un pastor, pero mi corazón no se conmovió por la Cruz. Luego miré dentro del cáliz del Padre, y mi corazón nunca ha dejado de temblar."

He escuchado a muchos estudiantes clamar: "¡Dios ha impactado mi corazón por el Cordero!" "¡Algo dentro de mí arde por la Cruz de Jesucristo!" "¡Prometo que por el resto de mi vida solamente predicaré a Jesucristo y a Él crucificado!" Fue el mirar profundamente dentro del cáliz que Jesús bebió lo que abrió sus ojos y se grabó en sus corazones para el Cordero.

Vi suceder esto cierta mañana en una clase de "Gloria al Cordero" en nuestro internado. Con una efusiva pasión, bramé este grito profundo y gutural de Jesús. En toda la sala los jóvenes golpeaban el piso, clamando y llorando ante Dios. Fue como si el Espíritu Santo hubiese tomado su espada y grabado la señal de la Cruz en sus corazones.

Posteriormente, Brandon contó cómo su propio corazón había sido impactado mientras estaba representando el papel de Jesús en un drama en nuestro campamento. Un grupo misionero de una ciudad al interior se sentó en nuestro jardín de oración bajo los robles, observando el drama. Brandon había sido golpeado por los soldados y ahora yacía colgado en la Cruz, cubierto de sangre. Luego alzó su voz y exclamó a todo pulmón: "Eli, Eli, ¿lama sabachthani? Dios mío, Dios mío, ¿Por qué me has abandonado?" Las palabras estremecieron a todos los corazones, pero más que nada, conmovieron a Brandon, quien manifestó: "Fue como si mi corazón se rasgara y un fuego lo penetrara. ¡Aún siento la quemazón!"

Pasión por el Hijo de Dios

Una noche oí a cuatro de nuestros internos de Inglaterra orando en un rincón de la capilla. Me aproximé y a medida que ellos descargaban sus corazones. Sophie exclamaba: "¡Oh, Jesús, tú bebiste del cáliz por mí!" Michelle oraba: "¡Padre, este es tu Hijo!¡Tu Hijo!" Mandy lloraba: "¡Oh Padre!, ¿Cómo podemos brindarle su recompensa en Inglaterra? ¡El pueblo ha olvidado a tu Hijo! Aún en América–en la iglesia–¡El Cordero ha sido desamparada!"

Mientras oraban con toda la pasión de sus corazones, sus rostros enrojecían, corrían lágrimas por sus mejillas y sus cuerpos se agitaban hacia atrás y adelante. Yo estaba deshecho al oír sus oraciones porque supe que habían llegado al corazón del Padre por su Hijo. ¡Estaban clamando para procurarle a Jesús la recompensa por su sufrimiento!

Sí, esto es lo que el Padre espera ver. Anhela que surja una generación, cuyos corazones ardan por el sacrificio de su Hijo. Él ansía que la *Obra Maestra Desamparada* se alce a todos para verla. Desea que la Pascua se transforme de un período de caramelos y huevos a un momento para honrar al Cordero por lo que sufrió en la Cruz.

La Obra Maestra Desamparada

Pero no solamente en la Pascua—¡sino todo el año! Él desea ver a todos los hombres y mujeres levantarse, liberar el grito de abandono a la tierra, para que por último, la gente sepa que Dios nunca las desampara. Él espera una generación que dé un paso hacia adelante y relate acerca del ardiente cáliz de ira que Él soportó por ellos.

La Criatura Olvidada

Jonathan Edwards decía que el propósito principal de Jesús para ir a la Cruz era "beber de ese cáliz."[3] Sin embargo, en la iglesia postmoderna actual, rara vez se menciona. Una vez al año, en Pascua, podemos sacar la Cruz de las sombras, mas ¿alguna vez miramos dentro del cáliz del Padre?

Somos muy similares a la madre que dejó a su bebé dentro del automóvil en un día caluroso y que corrió a la tienda a realizar unas pocas compras, pero que una vez dentro, recordó todas las cosas que necesitaba y se olvidó del pequeñuelo. Algunas amistades la detuvieron, conversaron y el tiempo voló. Al momento que ella pagó sus compras ya había pasado más de una hora. Cuando empujaba el carro hacia su auto, de pronto lanzó un grito apagado: "¡Mi bebé! ¡Mi bebé!" Corrió frenéticamente al vehículo, buscando torpemente las llaves y abrió la puerta. Pero fue demasiado tarde. El bebé yacía desplomado sobre su asiento, muerto por sofocación.

¡Pero eso es lo que hemos hecho en la iglesia! ¡Hemos olvidado y desamparado al Bebé! Por supuesto que amamos la Cruz, el lugar de nuestra salvación. No obstante, ¿nos hemos tomado el tiempo para mirar hacia las profundidades de lo que Jesús hizo por nosotros? Corremos a conferencias, compramos innumerables CDs acerca de bendiciones y prosperidad. Durante horas oímos mensajes sobre milagros, gloria y poder. Sin embargo todas estas bendiciones fluyen del Cordero y su Cruz.

A pesar de todos los buenos mensajes y todos nuestros grandes programas, hemos dejado de lado toda la gloria de la Pascua. Hemos sofocado al Bebé en el medio de su propia iglesia. No permitamos más que toda la parafernalia de la Pascua oculte al Bebé. Abramos los ojos, descorramos el velo y expongamos *La Obra Maestra* de todas las formas posibles.

Aún más, desnudemos nuestra alma al Cordero y pidámosle que rasgue nuestros corazones con la espada del Señor. Su Espada es su Palabra, pero el borde de la hoja es el mensaje de la Cruz y la punta es el grito de desgarro de su corazón: *"¡Dios mío! ¡Dios mío! ¿Porqué me has desamparado?"*

Entonces, a Él le pides que venga y te lleve hacia la Cruz. Observa a Jesús y ora:

¡Oh Dios!, sitúo mi corazón desnudo ante tu espada. Abro los ojos hacia las profundidades de tu Cruz y oigo nuevamente tu grito desgarrador.

Ven, Espíritu Santo, y conduce ese grito dentro de mi corazón. Déjame sentirlo hasta el centro de mi ser. Deja que mi corazón lleve la cicatriz de tu desgarro, para que nunca permita nuevamente que el Bebé de Dios se sofoque en la iglesia. Con todo mi corazón viviré para exponer *La Obra Maestra Desamparada*.

NOTAS

1. Este era el clamor del Salmo 22:1, que dice: *"Dios mío, Dios mío, ¿por qué me has desamparado? ¿por qué estás tan lejos de mi salvación, y de las palabras de mi clamor."* En hebreo, la palabra "lamento" es *sheaghah*, que significa "un bramido, rugido, lamento extremo." Es por esto que este clamor de Jesús es llamado "el lamento del abandono" o "el lamento de desamparo".

2. Durante cinco años enseñé siete cursos diferentes en la escuela ministerial de Brownsville Revival. En cada curso, tanto del antiguo Testamento, Nuevo Testamento o Teología Sistemática, cada tema conducía a la Cruz. Ahora hemos comenzado un seminario en nuestro campamento denominado: "Gloria al Cordero", con una duración de tres meses y para aquellos que ansían adentrarse más profundamente en el Cordero.

3. Jonathan Edwards: "La Agonía de Cristo," *Las Obras de Jonathan Edwards*, Vol. 2 (Edinburgh: Banner of Truth Trust, 1995), p. 867.

Tres

La Obra Maestra Victoriosa
Recibiendo Autoridad Sobre el Reino de la Oscuridad

Hay mucha tensión en el aire en el Calvario. La garganta de Juan se siente áspera e irritada por la emoción. El clamor de Jesús resuena en su cabeza.

La multitud está petrificada. No se mueve un músculo. Ni un respiro o susurro. Incluso los gemidos de las mujeres y los quejidos de los dos ladrones cesan.

Jesús solicita un sorbo de agua y un soldado alza una esponja con vinagre barato y toca Sus labios. Ahora con su lengua humedecida, el Maestro prepara su grito—no un clamor de derrota, sino un alarido trascendente de victoria.

El corazón de Juan se estremece. Aún sosteniendo a María, se tambalea hacia atrás y observa a Jesús. Ve un extraño destello en los ojos del Maestro. *¿Qué es esto? El temor ya no se refleja en sus ojos, ¡porque esta es una mirada de triunfo!*

La Obra Maestra

El Encuentro con el Poder Cósmico

Sí, Juan, todo este tiempo, imperceptible por los ojos humanos, un poder cósmico se encuentra con la cólera. Aquí, en el campo de batalla del Calvario, se lleva a cabo el conflicto de los tiempos entre Cristo y el reino de la oscuridad.

A la cabeza de los rangos del mal está el mismo Satanás, con una sonrisa maligna, pensando que tiene a Jesús exactamente donde lo quiere. ¡Ah, qué dulce venganza! Este es aquel que lo humilló hace mucho tiempo, sacándolo fuera del cielo hacia la tierra (ver Isaías 14). Ahora este Hijo de Dios está obteniendo lo que Él merece, al estar colgado y con la máxima derrota, e incluso olvidado por su Padre.

"Mientras estaba suspendido ahí, clavado de manos y pies al madero con una debilidad aparente," escribe el erudito de la Biblia, F.F. Bruce, las fuerzas del mal "imaginaron que lo tenían a su merced, y lo atacaron con una determinación hostil."[1]

Lo que Satanás no comprende, sin embargo, es que su único frente de ataque sobre el Hijo de Dios es el pecado. Dado que el Padre ha vertido nuestros pecados sobre Jesús, Satanás y todo su séquito tienen el derecho legal de atacarlo. Sin embargo, no comprenden el misterio divino oculto desde antes de la creación del mundo. No saben que el Cordero ha aceptado beber de la copa de la ira de su Padre–castigando y aniquilando el pecado ¡en Él!

Sí, a medida que Jesús bebe las últimas gotas agrias de la copa del Padre, el pecado se aniquila en Él. Como dice la Biblia: *"ahora, en la consumación de los siglos, se presentó una vez para siempre por el sacrificio de sí mismo para quitar de en medio el pecado"* (Hebreos 9:26). Otras versiones señalan: Él ha venido *"para ABOLIR el pecado por el sacrificio de sí mismo"*.

Ahora, con la copa del Padre consumida, el pecado queda totalmente castigado y Satanás ya no tiene intrusión sobre Jesús. Como Amán, colgado en su propia horca (ver Esther 7), el mismo instrumento con el cual Satanás pretendía exterminar al Salvador lo ha derrotado. Como lo explicó Martin Luther, Satanás ha caído en la trampa. Aquel que parece *"gusano, y no hombre"* (Salmo 22:6), se ha colgado en la Cruz, y como un goloso pez, Satanás ha mordido la carnada. Ahora está enganchado por la quijada, atrapado por Dios en la Cruz.[2]

Y, aunque los hombres hayan mutilado la carne de Jesús con escupiduras y espinas, extraído su sangre con tormento y lanzas, y miles de principados y poderes hayan clavado colmillos venenosos en su cuerpo, no son rivales para el Señor de Gloria.

La batalla ha sido feroz y el polvo espeso, pero está casi terminada. Satanás retrocede y luego se abalanza como un feroz carnero en una última carga contra el Cordero.

Pero, ¿qué es esto? ¡No hay más pecado para Satanás con el cual alimentarse! Jesús ha consumido totalmente los últimos residuos de la copa, y el pecado se ha aniquilado en Él. Ahora Satanás golpea su cabeza contra el talón del pie de Cristo ... y su cuello se rompe. Cae, destrozado bajo la Semilla de la Mujer (ver Génesis 3:15).[3]

Luego, todos los demonios caen, aniquilados–despedazados, expuestos, derrotados–alrededor de la cabeza destrozada de su líder. Allí yacen, apilados bajo los pies del Cordero.

Una descarga de angustia envuelve a Juan. No comprende lo que está sucediendo, pero ahora Jesús, con la lengua humedecida, se prepara para dar el grito final de victoria.

El Maestro se afirma con toda su fuerza sobre el clavo en sus pies para henchir su pecho de aire. La herida en sus pies se abre; brota la sangre, goteando sobre las fuerzas demoníacas bajo Él. La sangre del Cordero salpica sobre ellos, amordazados y agonizantes por la máxima derrota.

Sí, finalmente se gana la batalla en el Calvario, porque Cristo ha venido *"para deshacer las obras del diablo"* (1 Juan 3:8). Él lo venció, no en una batalla mítica en el infierno ulteriormente a la Cruz–sino EN LA CRUZ. Es exactamente como la Biblia lo dice:

"Y despojando principados y a las potestades, los exhibió públicamente, triunfando sobre ellos en LA CRUZ" (Colosenses 2:15).

Ahora escucha la sexta palabra salir de los labios del Conquistador: *"¡Consumado es!"* En griego es *tetelestai*, en pretérito perfecto su significado es "que ha sido y permanecerá siempre terminado".

Las palabras de victoria estallan de los labios del Campeón como el sonido de los cuernos de carnero en la Fiesta de Trompetas. Resuenan a través de la ladera, agitando a cada corazón, sacudiendo todas las puertas del infierno. Destellan en la mente del joven discípulo y queman como fuego en su corazón.

Juan está atónito, temblando con el poder de Dios. No logra comprenderlo aún, pero el tono en la voz del Maestro y la mirada en su rostro, como el acaloramiento por la victoria después de una larga y decisiva batalla, le dice al joven discípulo que algo de infinita relevancia ha sucedido.

Sí, Juan, ciertamente una victoria eterna ha sido ganada, y ahora finalmente la Obra Maestra está terminada. El Maestro Artista se prepara para dejar a un lado su pincel. La obra más grande en toda la historia de la humanidad está hecha. Igual que Dios completó su obra de creación en el sexto día, Él ahora termina su obra de redención con la sexta palabra.

En este momento, la copa de ira eterna de Dios está vacía.[4] El pecado está totalmente castigado. Se han cumplido los escritos y profecías del Antiguo Testamento. Y un nuevo pacto se corta en la carne del propio Hijo de Dios.

Es más, ahora la muerte es conquistada por Él, porque Jesús ha venido a *"destruir por medio de la muerte al que tenía el imperio de la muerte, esto es, al diablo"* (Hebreos 2:14). La enfermedad está derrotada, porque en la Cruz Él *"llevó nuestras enfermedades ... y por su llaga fuimos nosotros curados"* (Isaías 53:4-5). El David espiritual ha cortado la cabeza del gigante, usando la propia espada de Goliat (ver 1 Samuel 17:51).

Por consiguiente, Juan, échate atrás y mira a tu Rey Conquistador en el trono. Ahora ¡el Gusano sangrante se ha convertido en el Guerrero en llamas! ¡El impotente se ha vuelto en el Omnipotente! ¡El Cordero torturado es ahora el León triunfador! ¡La Víctima sufrida se ha tornado en Victoriosa!

Sí, la Cruz de miseria se ha transformado en una Cruz de Majestuosidad al estar sentado el Rey en su trono. Como dijo John Calvin: "No existe tribunal tan magnifico, ni trono tan espléndido, ni muestra de triunfo tan distinguido, ni carruaje ceremonial tan elevado [que la Cruz] en la cual Cristo ha sometido a la muerte y al diablo y humillarlos bajo sus pies".[5]

Juan aún ve el sofoco de victoria en el rostro de Jesús al clamar sus últimas palabras desde la Cruz. Ahora el Maestro Artista deja a un lado su pincel. Al igual que Dios descansó al séptimo día, Él comienza su descanso con su séptima palabra.

De pronto, el trueno ensordece y el rayo azota el cielo, iluminando la escena nuevamente. Juan y María están de pie, mudos, estupefactos, hipnotizados por aquella poderosa escena. Aquí, la silueta en relieve con el fondo oscuro debido a la furia de la naturaleza, proyectándose a lo alto como un gran monumento, está el espectáculo más inspirador que alguna vez hayan visto ojos humanos–¡Dios Crucificado!

Los rayos sobrevienen nuevamente y el suelo comienza a temblar. Parece que todo el universo está respondiendo a esta conquista divina en el Calvario. Iluminaciones de rayos. Choque de truenos semejan timbales. El silbido del viento sugiere sonido de trompetas y la tierra musita repiqueteo de tambores. Es como si Dios Todopoderoso estuviese anunciando con un saludo cósmico–"¡Miren la gran victoria del Cordero! ¡Él es mi *Obra Maestra Victoriosa* para la eternidad!"

La Victoria en la Cruz

¡Oh, Juan, con razón tú y la iglesia inicial podían *"hollar sobre las serpientes y escorpiones, y sobre toda la fuerza del enemigo"* (Lucas 10:19). Es por eso que pudiste escribir tan seguro de ti mismo: *"Y ellos le han vencido por medio de la sangre del Cordero"* (Apocalipsis 12:11).

Y no es de extrañar que el apóstol Pablo pudiera permanecer firme *"contra las asechanzas del diablo [y] contra principados, contra potestades, contra los gobernadores de las tinieblas de este siglo, contra huestes espirituales de maldad en las regiones celestiales"* (Efesios 6:11-12). Es por esto que podía decir: *"Antes, en todas estas cosas somos más que vencedores por medio de aquel que nos amó"* (Romanos 8:37).

Sí, Juan, tú y la iglesia inicial habían visto algo en la Cruz que nosotros hemos perdido hoy en día. Tú comprendiste eso porque la ira envolvió al Cordero, porque el pecado fue abolido, y porque Satanás fue definitivamente derrotado, tú tuviste autoridad sobre el pecado, la enfermedad, la muerte y el diablo. Tu autoridad vino de la obra terminada de la Cruz.[6]

Difícilmente podía yo creer lo que sucedió luego de que nuestros internos se posesionaran de esta verdad olvidada. Una vez que la copa hizo arder sus corazones, una pasión los estremeció en su interior y que no pudieron contener. Y una vez que vieron la autoridad por la cual Jesús murió para dárselas, fueron como *"becerros de la manada"* (Malaquías 4:2).

En la mitad de los tres meses de entrenamiento intensivo los enviamos en viajes misioneros. Cuando regresaron, estaban ansiosos de relatar lo que sucedió. Miranda, de dieciocho años, dijo haber estado en Méjico, donde oró por una señora cuyo brazo se había quebrado dos años antes y que se había curado incorrectamente, causándole un dolor constante. "No podía comprender su español, pero el Señor me dijo que orara por su brazo. De pronto, ¡oí un crujir de huesos que se acomodaban en su lugar correcto!" Emocionada, dijo: "Pedí un traductor y supe que ¡Dios había sanado completamente su brazo y estabe sin más dolor!"

La voz de Glen se quebró al decir: "En las montañas vi al Espíritu Santo bajar sobre unos niños mejicanos." Aaron exclamó jubiloso: "¡Todos a quienes oré se sanaron!" Trevor dijo: "El Señor me dio una palabra de juicio sobre una señora con una catarata. Luego de la oración, la catarata se le cayó y ¡pudo ver perfectamente!" Miranda agregó: "No sabíamos lo que estábamos haciendo, pero cuando nos sumimos en la fe, ¡Dios lo hizo!"

En un campus universitario, Nic y Mark oraron por un jugador de fútbol que se había roto un cartílago de su rodilla. Dios lo sanó. Sacó sus correas y saltó de su silla de ruedas. El poder de Dios le llegó tan fuerte que comenzó a orar por todos sus amigos. Al día siguiente, este joven se subió a una silla y dijo: "Miren, muchachos, saben que normalmente no hago esto, pero ¡Dios es verdadero! ¡Miren lo que Él hizo por mi pierna!"

Como ves, nuestros ministerios no se basan en milagros o el encasillar nuestras iglesias. Se basan en elevar al Cordero de Dios para que pueda recibir la gloria que Él merece por lo que Él sufrió en la Cruz. Las señales y milagros simplemente apuntan al Cordero. Nos muestran la Obra Maestra de Dios. Porque no solamente hemos pasado por alto la copa del Padre, sino que también hemos descuidado la autoridad que Jesús nos dio al morir.

Por consiguiente, aun ahora, alza la mirada al Cordero de Dios. No pierdas de vista a quien conquistó el temor, la depresión, la enfermedad, la muerte y al diablo. Observa al Cordero que abolió el pecado en sí mismo. Mira a quien derrotó a Satanás, rompiendo su cabeza bajo sus pies ensangrentados. Contempla a tu Héroe conquistador–la *Obra Maestra Victoriosa* de Dios.

Clámale con todo tu corazón:

> Amado Jesús: Observo tu obra terminada en la Cruz para recibir tu autoridad sobre el mal. Lamento mucho haber vivido en tal derrota. Ven, Espíritu Santo, y cólmame de tu poder para levantar en alto la gloria del Cordero. Inúndame con tu autoridad para pisotear a los demonios, la enfermedad, y al diablo, poniéndolos a todos bajo los pies sangrantes de Cristo. Agráciame con la unción por la cual Jesús murió para otorgármela, para que poder mostrarle al mundo–¡LA VICTORIOSA OBRA MAESTRA DE DIOS!

NOTAS

1. E.K. Simpson y F.F. Bruce, *Comentario sobre las Epístolas a los Efesios y Colosenses, Nueva Versión Internacional, Comentarios sobre el Nuevo Testamento* (Grand Rapids, MI: Wm. B. Eerdmans Publishing Company, 1957), p. 239.

2. Gustaf Aulen, *Christus Victor* (New York: MacMillan Publishing Company, 1969), pp. 103-104.

3. Dios le dijo a Satanás: *"Y pondré enemistad entre ti y la mujer, y entre tu simiente y la simiente suya; ésta te herirá en la cabeza, y tú le herirás en el calcañar"* (Génesis 3:15). Esto lo denominan los eruditos: el Protoevangelio, el cual se considera la primera proclamación del Evangelio.

4. Se da solamente a aquellos que acepten a Cristo y su sacrificio, dado que Apocalipsis 14:10 nos dice que la copa de la ira será vaciada a todos los que rechacen a Cristo y adoren a la bestia.

5. John Calvin, *Institutes of the Christian Religion, Vol. 1* (Grand Rapids, MI: Wm B. Eerdmans Publishing Company, 1983), Book II, p. 440.

6. En su libro clásico, *Christus Victor*, Gustaf Aulen narra cómo la iglesia inicial y los padres de la iglesia comprendieron claramente la victoria de Cristo en la Cruz. Veían a Cristo triunfante sobre el "pecado, la muerte, el infierno, y Satanás." Sin embargo, esta comprensión se desvanecería durante las épocas oscuras de la iglesia. Martín Lutero reactivó una teología victoriosa de la Cruz durante la Reforma, sin embargo, eventualmente el escolasticismo Protestante empañó la auténtica revelación del poder y de la victoria de la Cruz.

Cuatro

La Obra Maestra de Gloria
Absorbiendo profundamente de Su Poder de Resurrección

Aun llovizna en el Calvario, lavando el maltratado cuerpo de Jesús. Un soldado aferra una escalera y una barra, trepando hasta la mitad de la Cruz. Los sentimientos de Juan se aglomeran en su garganta al mirar unas manos rudas sacar el clavo de la palma inerte de Jesús. La vista oprime el pecho de Juan.

Rápidamente, trata de escudar a María del espectáculo. "Ven, María, es hora de irnos," murmura con voz carrasposa. Ella asienta con la cabeza y se voltean para dejar el lugar. Juan mira sobre su hombro mientras los soldados bajan lentamente el cuerpo de Jesús a los brazos de José de Arimatea.

María también lo ve y se libera de los brazos de Juan y corre hacia el cuerpo de su Hijo. Cae de rodillas al tiempo que José pone el cuerpo de Jesús sobre su regazo, acunando su cabeza y gimiendo su aflicción en un intenso abandono judío. Juan se arrodilla a su lado hasta que sus gemidos amainan y silenciosamente solloza en sus brazos.

La Obra Maestra

Finalmente, se levantan y emprenden su camino, cogidos del brazo, descendiendo por la rocosa ladera. Pero de pronto, el silbido del viento se detiene. La llovizna cesa. Se dispersan las nubes oscuras. Dorados rayos de luz atraviesan el cielo hacia el oeste.

Juan se detiene para observar la escena. Un gran silencio cubre la tierra. Una suave brisa se desliza sobre la ladera. El fuerte aroma de la tierra luego de una fresca llovizna impregna el aire. El sacrificio de las tres de la tarde esparce el incienso a través del valle. Se oye cantar un pájaro. Una serpiente se asoma y se desliza bajo una roca como si hubiese estado escondida.

Juan vuelve su mirada una vez más. El cuerpo de Jesús ha sido sacado para el entierro, pero allí, a la distancia, elevada como la cima de una montaña iluminada por el sol contra el firmamento, se halla la Cruz de Jesús, vacía. El lugar donde se ha completado la obra más monumental de todos los tiempos.[1]

Esta es, ciertamente, la *Obra Maestra de Gloria* de Dios.

La Obra Maestra Ascendida

Durante las dos noches siguientes, conciliar el sueño parece imposible para Juan. Se voltea de un lado a otro en su lecho, pero no sabe que allá, en el jardín donde Jesús fue sepultado, algo maravilloso está a punto de suceder … .

En las primeras horas de la mañana del tercer día,[2] cuando la penumbra aun cubre la tierra, de pronto las hojas de los árboles en el jardín comienzan a agitarse. Un viento extraño se presenta. Las hojas de los olivos y almendros tiemblan y brillan bajo la luminosidad de esta corriente sobrenatural, pero no es viento. Es la Persona del Espíritu Santo entrando al jardín como una ráfaga de viento.

Juan se dirige con rapidez hacia el sepulcro esculpido en la roca. Al llegar a la entrada bloqueada por una piedra, inhala profundo, atraviesa el acceso e ingresa a la tumba. Por unos instantes vacila, mirando el cuerpo de Aquel a quien tanto ama, tendido sobre la lápida.

Sus sentimientos son profundos, porque Él no es una fuerza. Es una Persona. Es Dios, igual al Padre y al Hijo. Él estaba junto a su amado antes de la creación del mundo, desde la eternidad, sin espacio ni tiempo. Mas, la esencia del Espíritu Santo es divina y posee tal intensa ternura. Sus sentimientos son primorosamente delicados. La Biblia lo compara con una paloma porque Él es fino y fácilmente agraviado.

Es por eso que, mientras el Hijo de Dios colgaba convulsionado por el dolor en la Cruz, el Espíritu Santo se mantenía tras Él gimiendo y llorando, volteándose y retorciéndose en una aflicción impensable. Anhelaba correr hacia su Amado y envolverlo en sus consoladoras alas. Pero no podía. Esta era una misión planificada por Dios antes de la creación del mundo.[3]

No obstante, la obra de la Cruz está terminada y el preciado Espíritu Santo ha sufrido hasta ahora. Más cerca ya, yace junto al cuerpo del Hijo. Se posa por encima de Él y espera la orden del Padre.

"¡Ahora, Espíritu Santo!" exclama el Padre, con un arrebato de lágrimas en su corazón: "¡Levanta a mi Hijo de entre los muertos!"

A toda prisa, el Espíritu Santo irrumpe en el marco sin vida del Cordero. Su presencia inunda el espíritu de Jesús … luego su alma … , y en seguida su cuerpo. Cada vena se llena de gloria. El aliento de Dios lo colma todo.

Entonces el cuerpo de Jesús comienza a latir. Absorbe su aliento y sus pulmones se llenan de aire. El oxígeno pasa a través de su cuerpo. Sus músculos adquieren fuerza. Sus ojos parpadean y abre sus ojos de par en par.

Lentamente se levanta del sepulcro despojándose del ropaje que envolvía su cuerpo. Este atavío, ahora sin el cuerpo, se hunde como si una aspiradora lo succionara.

Jesús se pone de pie. Inspira y la gloria inunda toda la tumba. El aire enrarecido de la cueva se vuelve denso con la presencia de Dios.

La Obra Maestra de Gloria

Los ángeles que presencian la gloria caen hacia atrás, temblando bajo *"el poder [que emana] de su resurrección"* (Filipenses 3:10). Cubren sus ojos del resplandor, porque este es el poder de resurrección del Cordero, ahora liberado de su depósito. La gloria mana de Él como derraman las aguas sobre las Cataratas del Niágara.

Jesús Emerge

El sol comienza a elevarse sobre el horizonte oriental de Israel cuando Juan se despierta sobresaltado. Irrumpiendo a través de la puerta del aposento alto, María Magdalena exclama: *"¡He visto al Señor!"*

El joven discípulo lanza un grito apagado. Sin titubeo, se coloca su túnica y cíngulo y a toda prisa se dirige rumbo a la tumba. La piedra de la entrada está a un lado, así que entra con sigilo. Lo que experimenta lo deja atónito.

Aquí yace el atavío mortuorio, pero no es el atavío que lo hace creer. Es el residuo de gloria que aun reside en el aire. Juan puede sentir la vida de Dios en todas partes. Su presencia aun va a la zaga de Él. Como un dulce y penetrante perfume, el aroma de Jesús vaga a través de la atmósfera del sepulcro.

Juan retorna al aposento alto, confundido pero creyendo. El día transcurre rápido, toda el área de

La Obra Maestra

Jerusalén está rumoreando sobre la noticia de la resurrección de Cristo.

Entonces, de pronto, el corazón de Juan casi se paraliza. Toda la habitación se llena con la fuerte presencia de Dios. Juan alza la mirada rápidamente para ver qué es lo que causa el revuelo.

Sin girar el pomo o el tirador de la puerta, el Señor camina a través de la puerta. *"¡Shalom!"* dice Él, su sonrisa esparce gloria sobre cada uno.

Juan siente temblar sus rodillas. Su corazón late fuerte contra su pecho. Las lágrimas corren por su rostro al ver a Jesús extender su brazo, exponiendo los enormes agujeros en sus manos, sus pies, su costado.

Los ojos del joven discípulo parecen saltar de sus órbitas al mirar estas heridas profundas, resplandecientes. "¡Maestro!", inspira Juan, cayendo sobre sus rodillas.

Jesús alza sus manos marcadas por los clavos y emite sobre todos ellos: *"Reciban al Espíritu Santo,"* Sus ojos resplandecientes de amor.

El joven discípulo cierra sus ojos e inspira en la vida de Cristo. Absorbe, absorbe y absorbe la dulce presencia de Dios. Su cuerpo tiembla y todo su ser se inunda de solemne gloria. Sabe que esta es la gloria por la cual Jesús murió para otorgársela. Es regalada para recibirla pero le costó todo a Dios.

La Obra Maestra de Gloria

Ven y Bebe

¿No te gustaría acercarte, como Juan, y beber de esta fuente rebosante? Jesús bebió de la copa del Padre para ti; ahora Él te ofrece venir y beber copas llenas de la gloria de su resurrección. Él invita: *"Si alguno tiene sed, venga a mí y beba"* (Juan 7:37).

Consecuentemente, vuelve a ver esta Obra Maestra y mira las heridas abiertas aún marcadas en su carne. Observa su amor, derramándose como cascadas de sus heridas. Recuéstate en ese amor. Empápate en él. Recuéstate en el piso con una buena almohada bajo tu cabeza y pon una suave música de adoración que llene toda la habitación. Ahora siente las aguas sanadoras saturando tu piel. Simplemente empápate. Siente la calidez en tu rostro. El calor en tus manos.

Deja que las corrientes de su amor penetren profundamente. Estira tu mano, como para alcanzar la mano de Dios y ponértela en tu corazón. Siente tu propia mano presionando, pero sepa que la mano de Dios está presionando más. Ábrete totalmente. Deja que su amor fluya. Recíbelo. Bébelo, porque como dijo Pablo: *"el amor de Dios ha sido derramado en nuestros corazones por el Espíritu Santo que nos fue dado"* (Romanos 5:5).[4]

Descubre lo asombroso que es el "empaparse". Sumerge todo tu ser en la presencia de Dios. Ahora dile cómo te sientes ante Él. Dile cuánto lo amas.

La Obra Maestra

Intercambia el amor. Él lo derrama para ti; tú lo derramas de vuelta a Él.[5] Así como las aguas de un río siempre fluyen de regreso a su fuente, dejemos que el río de amor fluya hacia adentro y hacia afuera y vuelva a Él.

Este es el propósito por el cual tú fuiste creado. Este es el por qué fuiste creado. Adán vivía y respiraba en la gloria de su presencia y tú fuiste creado para hacer lo mismo. Tú no puedes existir sin su presencia. Es un encuentro con la *Obra Maestra de Gloria* de Dios.

La Proclamada Victoria

A través de los años algunas veces he oído a predicadores decir: "Necesitamos ir más allá de la Cruz, porque es el lugar de la derrota; la resurrección es el lugar de la victoria". En su libro, *La Cruz de Cristo*, John R.W. Stott corrige esta idea equivocada: "No debemos considerar la cruz como derrota y la resurrección como la victoria. Más bien, la cruz fue la victoria ganada y la resurrección como la victoria endosada, proclamada y demostrada."[6]

¿Ves el por qué yo digo que hemos olvidado la parte más vital de la historia de la Pascua? Nos place vestirnos en la Pascua y hablar de la resurrección, pero hemos olvidado lo que proclama la resurrección. La gloria de la resurrección es la gloria de la

Cruz. Es por eso que Pablo decía: *"Pero lejos esté de mí gloriarme, sino en la cruz de nuestro Señor Jesucristo, por quien el mundo me es crucificado a mí, y yo al mundo"* (Gálatas 6:14).

Increíblemente, una vez que verdaderamente permitamos a la Cruz desgarrar nuestros corazones, la gloria de la resurrección nos inundará íntegramente. Como puedes ver, la resurrección de Jesús es la descarga de su obra terminada en la Cruz. Cuando permitimos a la Cruz culminar su trabajo en nosotros, también fluiremos en poder de resurrección.

Vi suceder esto con nuestros internos cuando dejaron el campamento. Durante tres meses habían buscado a Jesús. A menudo se tendían el suelo, llorando sobre el Cordero, sollozando sobre la copa, y permitiendo al Señor rasgar sus corazones con su espada.

Llevaban una pasión por su gloria que los consumía. DeHavilland, uno de nuestros miembros del personal, me llamó efusivamente, con alegría. "¡Estoy completamente absorto por el Cordero!" Ayer prediqué en la copa del Padre en una iglesia en New Jersey. Luego el pastor corría llorando: 'Justamente anoche leía la historia de Jesús orando sobre el cáliz en el jardín. Le pedí al Señor que por favor me diese una ¡revelación del cáliz! ¡Hoy usted me ha dado esa revelación!' "

"¡Pero, Dr. Sandy," DeHavilland prosiguió: "La mejor parte fue lo que Dios hizo en la iglesia cuando orábamos. Cathy, David, Brandon y yo estábamos orando y ¡el poder de Dios descendió! ¡Especialmente sobre los niños!" Luego dijo con una sonrisa en su voz: "Una preciada pequeña de cinco años exclamó: 'Jesús me acaba de hablar y dijo que ¡Él quería ser mi Salvador!' "

Uno de los jóvenes manifestó: "Dr. Sandy, ¡es increíble! Cuando predicamos el poder de la Cruz, ¡Dios manifiesta el poder del Espíritu Santo!" Yo seguía escuchando historias como ésta. Mandy, Lydia y Michelle llamaron desde Inglaterra diciendo: "¡Oramos por los niños en nuestra iglesia y Dios descendió sobre todos ellos!"

Lo mismo sucedió en nuestra iglesia aquí en Alabama, antes que se fueran los internos.[7] Cuando Mary y varios de los internos oraban por los niños, el poder de Dios bajó sobre ellos y quedaron totalmente atónitos con su presencia. Mientras se agitaban, reían y lloraban en su gloria, una niña exclamaba: "¡Los juguetes algunas veces son buenos, pero también son herramientas del diablo para mantenernos alejados de Dios!"

Como ves, esta es la gloria de la resurrección. Brota del corazón abierto del Cordero en la Cruz. No es extraño o insólito. Es genuino y conduce a la gente a un encuentro verdadero con Dios.

¿No te gustaría participar de esta gloria divina? No es para hacerte rico, famoso o popular. ¡Es hacer

La Obra Maestra de Gloria

popular a Jesús! ¡Es traer gloria al Cordero por lo que Él sufrió en la Cruz! ¡Es revelar la Obra Maestra de Dios! Así que, por favor ora:

> Amado Jesús, no hay nada que desee más que a ti. ¡Solamente tú! ¡Deseo más de tu presencia! ¡Estoy sediento de beber de tu gloria! ¡Pero no deseo esa gloria para mí, la deseo para ti!

> Espíritu Santo, ven y haz tu obra de crucifixión en mi corazón. Luego lléname con la gloria de la resurrección que fluye de la obra terminada en la Cruz. Déjame llevar tu gloria a los lugares oscuros alrededor mío, exponiendo a través de mi vida ¡*La Obra Maestra de Gloria* de Dios!

La Obra Maestra

NOTAS

1. No adoramos la cruz, porque son solamente dos maderos. La Cruz es simbólica a la obra terminada de Cristo. Es por eso que Pablo escribió: *"Pero lejos esté de mí gloriarme, sino en la cruz de nuestro Señor Jesucristo, por quien el mundo me es crucificado a mí, y yo al mundo"* (Gálatas 6:14).

   Bobby Conner en *La Cruz* escribe, "No hay salvación en la Cruz de Cristo, sino que la salvación descansa en el Cristo de la Cruz … . La religión eleva la Cruz, pero la verdadera Cristiandad debe elevar a Cristo. No ciñamos un símbolo y por otro lado rechazamos al Salvador" (Vancouver, WA: Miracle Printers, 2002), p. 14.

2. El día judío termina a la puesta del sol y comienza un nuevo día. Por consiguiente, Jesús fue puesto en la tumba antes del ocaso del viernes—el primer día. Su cuerpo yacía en la tumba desde el viernes por la noche hasta el sábado de noche—el segundo día. Su cuerpo aun estaba en la tumba durante el tercer día, el cual comenzó a la puesta del sol del día sábado. Son las primeras horas de la mañana del tercer día (domingo), aun está oscuro afuera.

3. Los eruditos llaman a este acuerdo El Pacto de Redención, hecho por el Padre, el Hijo y el Espíritu Santo antes de la creación.

4. Bob Sorge dice: "Si abres la llave de la fuente del poder divino de Dios, descubrirás que es un flujo rápido de amor eléctrico que te conducirá y llevará adelante," *El fuego del Amor de Dios* (Greenwood, MI: Oasis House, 1996), p. 9.

5. Carol Arnott de Toronto dice: "Empaparse es situarte ante Dios para experimentar su amor por ti y darle tu amor a Él." Más adelante Carol manifiesta: "Dios desea más que

una entrega de cinco minutos. Toma tiempo y un esfuerzo consciente para priorizar lo que Dios ve como nuestra necesidad humana más profunda, la necesidad de experimentar su amor íntimo e incondicional," "Por qué me Empapo," Revista *Esparcir el Fuego* (Toronto, ON, Canada: Toronto Airport Christian Fellowship, Edición 5, Nov. 2005), p. 4.

6. John R.W. Stott, *La Cruz de Cristo* (Downers Grove, IL: InterVarsity Press, 1986), p. 235.

7. El nombre de nuestra iglesia es: "Iglesia de su presencia" situada en Daphne, Alabama, con el Pastor John Kilpatrick.

Cinco

La Obra Maestra Magnifica
Viviendo Para el Mayor propósito en la Tierra

El rostro de Juan arde de gloria, mientras mira a Jesús en el monte. Esta vez, sin embargo, no es un cerro de crucifixión, es el monte de la ascensión.

El Maestro extiende sus manos y comienza a orar por sus seguidores. Juan se abre y absorbe el poder que fluye de las heridas del Cordero. Aunque estas manos una vez sangraban por los clavos, ahora sangran con las bendiciones de Dios.

Jesús se afirma en sus pies y comienza a elevarse, aun esparciendo bendiciones a medida que asciende.[1] El espectáculo ante el joven discípulo lo deja sin aliento. Jesús se presenta como una *Obra Maestra Magnifica* al remontarse sobre los árboles.

Una Singular Expresión de Amor

Juan observa, sorprendido por la belleza del Señor. Las heridas marcan su carne como medallas de gloria, recordando el discípulo de aquel día cuando en otra colina observaba al Cordero.

La Obra Maestra

Era la expresión más singular del amor de Dios alguna vez vista en el cielo como en la tierra. Cada trazo del pincel del Padre había sido untado en compasión, teñido con sus lágrimas y revestido con su amor. Porque ahí, en un pequeño estudio en una colina, Dios había pintado su incomparable obra de arte. La estampó con un tormento romano. La cinceló con clavos de hierro. El escalpelo de la paleta fue la lanza de un soldado y la pintura la sangre de las venas de su propio Hijo.

Luego el Padre lo empapó con pecado, conflagró con ira y lo consumió en juicio divino. Lo sepultó en una tumba y lo ascendió en gloria de resurrección. Ahora lo eleva en lo alto para ser situado en el Museo de la Eternidad.

Si una imagen habla más que mil palabras, este retrato habló inmensurables volúmenes. Porque ahí, capturado en la tela en el Calvario, Dios expuso la magnitud de su amor.

Las palabras no podrían expresar totalmente la abundancia de su amor, por consiguiente predicó sobre trozos de madera. Lo dramatizó en un teatro del Gólgota. Lo coreografió en un escenario en el Calvario. Es como la danzante que se le pidiera interpretar su baile. "Si pudiese haberlo explicado, no lo hubiera bailado," manifestó.

Eso es lo que Dios hizo. Y aunque las bibliotecas están llenas de libros explicando los atributos trascendentes de la Deidad, en ninguna parte verás los atributos de Dios más elocuentemente inscritos que sobre dos trozos de madera.

Mira más de cerca y verás – la compasión goteando de cada lágrima. La piedad resplandeciendo en cada gota de sangre. La paz y el amor fluyendo de cada herida. La santidad destilando de cada cicatriz. Porque allí, capturado en la tela del Calvario, todos los atributos de Dios convergieron en una gloriosa combinación.

Todas las bellezas de la naturaleza nunca podrían exponer la gloria de Dios como su propio Hijo sangrante. Como dijo Charles Spurgeon: "Si cualquier mente creativa desea ver la gloria de Dios, no necesita observar los cielos estrellados ni elevarse hacia los cielos; solamente tiene que inclinarse al pie de la cruz y observar los ríos carmesí que manan a chorros de las heridas de Emanuel."[2]

Las Cicatrices Cuentan la Historia

Sí, estas heridas cuentan la historia. Son como medallas de honor que siempre nos están recordando el cáliz del cual Jesús bebió y la victoria que Él obtuvo. Tristemente, sin embargo, muchos de nosotros solamente vemos las cicatrices y nunca miramos más profundamente. Esto nos deja con un escaso entendimiento de lo que Él realizó. Consecuentemente, olvidamos la Cruz y vamos hacia temas más "emocionantes".

Se semeja mucho a la historia de Private Bill. Cierto día Bill caminaba sigilosamente por un camino de tierra en Vietnam, buscando soldados enemigos que pudiesen estar escondidos entre los civiles. Cuando pasaba por un recodo del camino, divisó una pequeña choza y oyó el sollozo de una madre. Su pequeña hija estaba luchando con un soldado del Vietcong. Enojado, el hombre sacó una granada, la lanzó hacia la familia y arrancó.

Private Bill vio la granada, la cual cayó cerca del niño más joven. Corriendo hacia el pequeño de tres años, se lanzó hacia adelante, empujando al niño fuera del camino. Luego agarró la granada y trató de lanzarla, pero explotó en su mano. Su brazo voló despedazado, su ojo derecho se desintegró, su oído derecho desapareció, y la mitad de su rostro quedó deshecho.

Eso es lo que Jesús hizo por nosotros. Él se arrojó frente a la ira de Dios y la tomó para sí mismo. Los eruditos llaman a esto pacificación, lo cual significa: "un sacrificio que aparta la ira, transfiriéndola en sí mismo".

Como puedes notar, esto es lo que a menudo vemos cuando solamente miramos las cicatrices. En el cielo, Él aun porta las cicatrices como un Cordero degollado, pero aquellas cicatrices nos conducen a destacar su obra en la Cruz. El resto de la historia de Private Bill ayuda a clarificar.

Allá en Vietnam unos médicos hallaron a Bill, detuvieron las hemorragias y lo enviaron de regreso a los Estados Unidos para realizarle múltiples cirugías. Finalmente fue dado de alta de los hospitales, portando un brazo ortopédico, un ojo ciego y un rostro mutilado. Y aunque fue honrado por la Marina, la guerra era impopular en América y fue muy desacreditado por el pueblo.

A todas partes donde él iba, la gente hacía comentarios crueles, rechazándolo por haber participado en la guerra y por su horrible apariencia. Frecuentemente, los hippies lo señalaban y se mofaban. El momento más doloroso fue el día en que una joven en un bus lo escupió en el rostro.

La depresión lo devoró, hasta que finalmente decidió terminar con su propia vida. No obstante, antes de cometer este acto final, visitaría la tierra de Vietnam, donde cinco años antes había perdido todo.

Una semana más tarde se halló deambulando por un sendero de tierra en el mismo pequeño villorrio en Vietnam. Caminaba deprimido, reviviendo recuerdos de la guerra que venían a su memoria. Al doblar por un recodo del camino, pudo reconocer la minúscula choza donde el soldado atacó a la niña. Mientras pensaba en ese fatídico día, descansó sobre una piedra y enterró el rostro entre sus manos.

La Obra Maestra

De pronto, el grito de una adolescente lo sacudió de sus pensamientos. Levantó la mirada para ver a la joven y su hermano correr hacia él. Tras ellos venía de prisa una madre y otros dos niños. En un inglés cortado la niña preguntó: "S -señor, ¿es usted Private Bill?"

"¿Porqué?, sí, yo soy. ¿Cómo lo supiste?"

"Bueno, señor, el día en que explotó la granada, los americanos vinieron para llevarlo. Dijeron que su nombre era Private Bill y que viviría pero quedaría lleno de cicatrices". Con lágrimas brillando en sus ojos, ella exclamó: "¡Señor, usted fue quien nos salvó la vida! Durante años rogamos a Dios para que regresara y pudiéramos agradecerle por esas cicatrices!"

Bill irrumpió en llanto. En América solamente había experimentado el rechazo por su rostro mutilado. Ahora alguien lo amaba por sus heridas. Sus cicatrices contaron la historia de lo que él había hecho por ellos.

Eso es igual que Jesús. Sus cicatrices cuentan la historia de lo que Él hizo por nosotros. Así como Private Bill recibió todo el impacto de la granada en sí mismo, Jesús absorbió todo el impacto explosivo del juicio de Dios en sí mismo. Ahora Él aun porta las cicatrices para recordarnos de su sacrificio. Sus heridas nos revelan la *Obra Maestra* de Dios.

La Obra Maestra Magnificente

La Señal de la Cruz

Una antigua leyenda llama a cada persona a hacer la señal de la Cruz en algún lugar sobre la tierra antes que él o ella mueran. ¿No dejarías a Dios que se valga de ti para hacer su señal de la Cruz en algún lugar en tu mundo?

Cuando Ryan dejó nuestro campamento varios años atrás, llevaba la señal de la Cruz en su corazón. Irradiaba tanta pasión por Jesús que solamente al estar con él volvió a Brandon desesperadamente ávido. Dado que deseaba lo que vio en Ryan, arribó a nuestro campamento en Alabama.

Un día en nuestra clase de "Gloria al Cordero", Brandon manifestó: "Vi mi imagen ardiendo en el infierno. Estaba gimiendo en el suelo y llamando al Cordero. Clamaba con todo mi corazón, '¡Traspásame, Señor!'" Lo que sucedió enseguida es lo que lo cambió para siempre. "De pronto sentí su espada atravesándome. Como Isaías, estaba tan devastado. Estaba sangrando, pero también tenía alegría porque sabía lo que Dios estaba haciendo. Y decía: 'Dios, si no predico la Cruz, llévame a casa.' Quiero hacerlo hasta el final, predicando y dando gloria al Cordero ¡para su recompensa!"

Otra estudiante, Aisha, se dirigió a mí en el último día antes de regresar a Inglaterra. La primera vez que vino acá estaba tan tímida y herida internamente que rehusaba comer. Pero Jesús la sanó en la Cruz e incluso la volvió predicadora.[3] Con gran sinceridad brillando en sus ojos, declaró: "Dr. Sandy, el Señor me indicó que le dijera que – ¡he prometido por el resto de mi vida predicar solamente a Jesucristo y a Él crucificado!"

¿Y tú? ¿Dejarás que Dios te utilice para hacer la señal de la Cruz en el mundo? ¿Narrarás *la Obra Maestra* de Dios y traerás su recompensa a Jesús? Este es el gran propósito en la tierra.

No obstante, podrás decir: "No puedo hablar". Entonces dilo sin palabras. Píntala sobre una tela. Escríbela en un libro. Interprétala en un drama, una canción, una película, una danza. Exprésala otorgando agua de vida a los pobres y perdidos. Eso es lo que Dios hizo, y te pide que tú hagas lo mismo.

Un Vistazo Final

Un sentido de admiración y reverencia embarga al joven discípulo. Como Moisés mucho tiempo atrás, siente que debería despojarse de las sandalias que protegen sus pies. La presencia de Dios está en todas partes.

Juan fuerza sus ojos para ver al Señor elevarse hacia lo alto. Luego una nube disipa su visión. El discípulo se vuelve para marcharse, pero se siente demasiado débil para caminar. Su corazón está demasiado colmado para hablar. Sencillamente cae sobre sus rodillas, cierra los ojos y ora. Al elevar sus plegaria a Jesús, casi lo puede ver como *"un Cordero como inmolado"* (Apocalipsis 5:6).

Ahora dejamos a Juan, mas puedes leer el resto de la historia en mi libro *The Glory of the Lamb*.[4] Aquí, el viejo apóstol, encadenado en la Isla de Patmos, indaga en los cielos y observa al Cordero de Dios. A partir de la cúspide de su vejez, despliega la gloria del Cordero desde la pasada eternidad a la eternidad futura.

Ahora Juan, al arrodillarse y adorar, inclina su cabeza y musita las únicas palabras que puede describir lo que ha visto. Con los ángeles alrededor del trono, simplemente susurra: "Santo, santo, santo…" Por esto es la *Obra Maestra Magnifica* de Dios. Es ciertamente el eje sobre el cual gira el tiempo y la eternidad. Es el núcleo de la fe cristiana, la médula y esencia del Evangelio. Es el foco de atención de los ángeles, la atracción central de los querubines, la fuente primaria de gloria, la centella de todo el cielo.

Todo el pasado fluye dentro de esta gloriosa obra de arte. Todo el futuro se vierte de ella. La resurrección la proclama. La ascensión la exhibe. La Biblia la registra. Todo renacimiento fluye de ella. Este es la obra suprema de Dios. Esta es su *Magnum Opus*, su *Obra Maestra Magnifica*.

La Obra Maestra
Él Será Revelado

Una noche, María, directora de nuestro internado, exclamó con toda la pasión de su corazón. "A menudo me he hallado en el suelo sollozando en una iglesia después de haber escuchado un sermón. No me refiero a haberlo hecho mejor; ¡estoy llorando por el Cordero para recibir la gloria!" Luego su voz se alzó al manifestar: "El Padre está determinado a enaltecer a su Hijo, y no rescindirá esta era hasta que el Cordero sea glorificado en esta tierra!"

María tiene razón, porque el Padre ansía ver a su amado Hijo recibir el honor y gloria que Él merece. Todo el cielo le da esa gloria al clamar: "Digno es el Cordero," pero ¿qué pasa con nosotros aquí en la tierra?

Y aunque el mundo se estremezca por inminentes desastres, es solamente para cumplir los propósitos de Dios en esta creación. El Hijo de Dios será revelado nuevamente como el Cordero. Él se tornará en el foco central de su iglesia en la tierra aun cuando Él esté en el cielo. Y Él recibirá la recompensa total de su sufrimiento. La gloria olvidada de la pascua será revelada. ¡La *Obra Maestra Magnifica* de Dios finalmente será revelada!

Así que, al dejar de lado este libro, ¿no te arrodillarás?, recordarás al Cordero y orarás:

La Obra Maestra Magnificente

Oh, Dios, ¡por favor utilízame para contarles! En las escuelas, en las calles, en la iglesia, en mi familia – déjame contarles lo tu Hijo hizo. Les contaré acerca de la copa de ira de la cual Él bebió en la Cruz. Les contaré acerca de los fuegos del infierno que Él soportó. Les contaré sobre su victoria triunfante en el Calvario, y caminaré en la autoridad por la que Él murió para darme.

Padre, por el resto de mi vida, resuelvo traer a tu Hijo la recompensa de su sufrimiento. Prometo que les contaré a los demás acerca de la verdad abandonada del Evangelio. He hallado el propósito más grande en la tierra y viviré toda mi vida para revelar ¡LA OBRA MAESTRA DE DIOS!

NOTAS

1. Aun otorgando bendiciones, Lucas 24:51 dice: *"Y aconteció que bendiciéndolos, se fue de ellos; y era llevado arriba al cielo"*.
2. Charles Spurgeon: "Llorando la Muerte ante El Crucificado," *El Poder de la Cruz de Cristo*, Lance Wubbels, comp. (Lynnwood, WA: Emerald Books, 1955), p. 192.
3. En nuestra clase de oratoria, adultos, jóvenes y adolescentes, muchos de los cuales nunca habían predicado, aprendieron cómo hallar su "voz de oratoria". Vimos estudiantes volverse predicadores asombrosos en solamente tres meses.
4. En *The Glory of the Lamb* [Hagerstown, Maryland (McDougal Publishing, 2002)], que saldrá en Español, Dios mediante, en el año 2013, Juan el apóstol, al ver la gloria de Cristo en el cielo, se refleja la gloria antes de la creación, la gloria de la creación, la gloria a través del antiguo testamento, la gloria de la vida de Cristo, la gloria de Getsemaní y de la Cruz, la gloria de la resurrección y ascensión y la glorificación de Cristo en el cielo. Usted puede solicitar este libro en cualquier librería cristiana o laica o por Internet. Además, esté pendiente la próxima Pascua a mi nuevo libro, *La Mayor Gloria de Pascua*, como María, madre de Jesús, cuenta la historia de Jesús y de la Cruz.

Otros Libros por Sandy Kirk

The Glory of the Lamb   978-158158-116-4

A Revelation of the Lamb 978-158158-063-0

America Ablaze   978-158158-053-3

Rivers of Glory   978-158158-093-2

Usted puede ordenar estos libros al:

www.mcdougalpublishing.com

Seminarios La Gloria del Cordero

Septiembre – Diciembre

Antes de entrar a su ministerio o de la universidad, tómese un seminario de tres meses con el Dr. Sandy y el personal de Camp America Ablaze (en las afueras de Pensacola, Florida).

- Heridas Sanadas en el Amor de Dios
- Corazones Tocados por la gloria del Cordero
- Intensos Encuentros con el Espíritu Santo
-
- Imparticiones del Fuego de renacimiento
- Entrenados en el Evangelismo Profético y Conquista del Alma

Descubra cómo puede traer la recompensa de su sufrimiento a Jesús a través de su corta vida aquí en la tierra.

Campamentos Para La Juventud

Campamento America Ablaze – en las afueras de Pensacola, Florida

¡Jóvenes Pastores, traigan a vuestros
adultos, jóvenes, adolescentes o niños
al Campamento America Blaze
para recibir imparticiones de
Fuego de Renacimiento
y de la Gloria en la Cruz!

Programaremos un campamento para satisfacer vuestros planes. Disfruten de las hermosas playas de la Costa del golfo y de nuestros servicios con canchas iluminadas de básquetbol, de tenis, fútbol/soccer, campo de béisbol, piscina, jardín de oración, semicírculos y cancha de vóley en arena.

E-mail Dr.Sandy (drsandy.aam@gmail.com)
O llame al (251) 962-7172
Visite el sitio web para mayor información:
www.campamericaablaze.com

www.ingramcontent.com/pod-product-compliance
Lightning Source LLC
Chambersburg PA
CBHW031417040426
42444CB00005B/615